Monsieur Ferlinguetti

Pablo de Cuba Soria

Monsieur Ferlinguetti

Edición: Javier L. Mora
© Logotipo de la editorial: Umberto Peña
Imagen de cubierta: "An Arbour",
de *Hypnerotomachia Poliphili*

www.editorialcasavacia.com

casavacia16@gmail.com

Richmond, Virginia

Impreso en USA

ISBN: 978-1-961722-11-8

è una cosa mentale

Leonardo

Era mil novecientos ochenta y Lezama y Virgilio ya no estaban, de ahí el soñar de Ferlinguetti —con un poco de silencio, algo de astucia y mucho de exilio— hacia Pensamiento ágrafo.

Es dos mil y monedas, y Polífilo y Finnegans aún duermen en las ondas de Escritura, por lo que ahora me asomo a la ventana donde Hypnos, cerbero de resonancias, pastor de realidades, hace mutis con los ojos.

Por cercanías de Alpha y Sueño —en la puesta en escena de ese personaje de novela en el que me he convertido— entona Prosa las sílabas que van pasando, oído adentro.

I

Con su bastón de almez, tantea Ferlinguetti
las puertas de Mente.

Llamad *me* Ferlinguetti, por si ocasos. Porque en Velamen habita Anna Livia como un susurro.

Golpes de puerta en la Casa de Prosa. ¡Abre *la* ya, Malandra!

Luz Marina Plurabelle, con grandes pies, jorobea en el tepuén.

Domus meus, piensa lengua adentro y cierra la puerta. Alfred Jotha inicia el viaje de vuelta. Old Town de Oriente: son calles en Pensamiento. Grandma y Madre lo saludan donde la Grande Strada principia. Las oigo cantando *se* una a otra. Alfred Jotha sonríe y acelera el paso. "Ha envejecido, ¿verdad?", pregunta Grandma. "El más hermoso de los nietos de Adán", responde Madre. "¿Seguirá bajo faldas de aquella bandida?", pregunta Grandma. "Ninguna *femme* se atrevería a resistírsele", responde Madre. Viejo parvo de cabello antiguo. ¡Ay de ustedes, deslenguadas almas!, piensa Alfred Jotha y acelera aún más el paso para adentrarse en el sueño profundo de su mente. Con tal furia se aleja en balbuceos.

El Shabbat convoca a sus fieles. En Los Alpes nieva lento (calmo) y se ausenta el viento. ¿Quién?

Por caminito de la vaca ¡mú! Albertine lezamea.

Isola di San Michele, Venèsia. Para encontrar *se* con Ezra Pound —mínima lápida enyerbada: llegar al Tío Ez implica *escarbar*—, hay que padecer agudos zumbidos y picaduras de mosquitos. *Zzzzzz*... Hay que padecer, además, el peregrinar de rusos *olorosos* al panteón de Joseph Brodsky, su vecino en camposanto. *Zzzzzz*... Pound leía sus versos con la cadencia de un zumbido: su prosodia *zumba*.

Golpecitos *en* la puerta, para despertar *la* en Sueño ágrafo. Con floreo filosófico se esfuma Ferlinguetti en sus falacias.

En Oriente no hay casas contiguas: siempre un *alley* permite la división del amor, un *alley* siempre separa las almas. Oriente es el *town* de los *alleys*. La Grande Strada y sus bifurcaciones. Entre la bodega de Alfred Jotha y el taller de Artista está el Callejón de los Desflores. A Grandma y Madre les resulta imposible no sobrecogerse cuando están cerca. La prima van Goethem baila en claroscuros de Callejón de los Desflores. Artista suele gritar *le*: "Volveré a edificarte y serás reedificada, virgen de Oriente". "Bailaré sobre tu tumba", le diría Alfred Jotha desde ventana opuesta. "Era flor de depravación precoz", dice Grandma, mientras una brisa amable mueve cariñosa los lazos de su pamela.

Con la cesta llena de *Phallus impudicus,* Cecilia Bovary canturrea en el bosque.

"Mucho tiempo me he acostado temprano". En toda la novela de Marcel Proust se leen más de dos mil veces las palabras *acostarse, siesta, pesadilla, dormir, sueño, ensoñación, soñadoramente*... El editor Humblot no entendió "que un señor pueda llenar treinta cuartillas para describir cómo da vueltas y más vueltas en su cama antes de conciliar el sueño". Proust duerme a Escritura, la hace soñar.

—¿Y Ferlinguetti?

—Fue a donde Madame Chirade, por 2 litros de leche.

Por callejuelas de ciudad enferma, Ferlinguetti se evapora.

Debo ignorar la sílaba del Yo, sus mutaciones. Niega *la* tres veces. Hay paga de gallos. En el tiempo remoto de su primera conciencia quiso llamar *se* Nadie. ¿Cómo ignorar *la*? Invoca las formas plurales ajenas al nos. Permuta *las*. "En la insulsez de esa sílaba duerme la Risa", le digo al oído, y penetro el estado febril que me lleva hasta Caronte. Caminan de espaldas a la cámara, en dirección opuesta a Callejón de los Desflores: Grandma y Madre se adentran en la *selva selvaggia* de Pensamiento. En noches impares y días festivos cenan allí, en el Café del Hotel Helsinki. "Señoritas, buenas noches, tenemos leche fresca de vaquita ¡mú! y, por supuesto, *paprika hendl*".

A veces me decía *Mme.* Mallarmé en la azotea conversable: —*Voilà, Monsieur,* también con Prosa vive el cuerpo.

En un trasatlántico de la Cunard Steamship Company, Henry James viajó de Liverpool a York. Era abril de 1899. El 25 del mismo mes, la editorial londinense Heinemann publicó *The Awkward Age*. Por razón desconocida, James regresó a Inglaterra el 11 de mayo, horas antes de que Harper, en Manhattan, pusiera a la venta la edición americana. A su muerte, ambas ediciones faltaban en su biblioteca de Lamb House.

Rupias, rublos, amores. Vi a las mejores generaciones de mi mente llamar *se* Ferlinguetti.

Alfred Jotha sigue su curso. Once en fila india: los mismos rostros, a excepción de Penúltimo. Cosas que pasan en Windsor, condado de Oriente. Cosas y eventos que pasan en Windsor: la lucecita encendida, la gasolinera, *killing me softly*, cuarenta y tres con cincuenta y siete... Once en fila india; tú, el primero. Porque Caronte se va a postular para alcalde. Que lo de las flores queda en manos de Grandma; en definitiva, ha estado ahí desde que abrió el negocio. Pero lo del carro fúnebre sí que no lo deja, Gordo de al lado ni muerto lo deja, y mira que los ha transportado fríos, patitiesos, algunos con cara de qué más da, de una orilla a la otra. Gordo de al lado toca su tuba como escolar difícil, y caen las luces.

Paso es el paso de Ferlinguetti en Pensamiento.

La experiencia de las ciudades pertenece más a los olores y sabores que de ellas retenemos, que a lo poco o mucho que de ellas pueda guardar nuestra mirada. Es ante todo una experiencia de los perfumes, miasmas y alimentos que definen cada ciudad, que una memoria arquitectónica. Hugo creía que a cada barrio de París le correspondía un único olor.

“En *Paradiso Terrestre* alimento a los vivos”, canta mientras se pierde en el paisaje de tumbas, a un costado de la iglesia de San Cristoforo. Se llama Virginia.

"Otras veces, así como Eva nació de una costilla de Adán, una mujer nacía mientras yo estaba durmiendo".

Pensamiento ágrafo, veterano de todas las guerras.

Largo rato estuve parado tras ella. No pretendí que hablara; sin embargo, jamás habló.

II

Acerca*te* a la foto, pega el oído… Un poco más, así.
¿La escuchas ahora?

Presta *le* Oído al Buck Mulligan. O responde *me* tú, jesuita de Éfeso: ¿por qué Alma se viene a sí misma?

Por naturaleza, todos los hombres desean conocer a Ferlinguetti.

Asegura que escribe el libreto de los sueños, de todos los sueños cada día y cada noche soñados, dice Grandma. Hasta los sueños de Dios, repite. Afirma que ninguno guarda relación con la vida despierta, dice Madre. Un sueño solo habla de sí mismo, todo lo real le es ajeno, repite. Alfred Jotha detiene su andar ante el semáforo en rojo, se tambalea ligeramente en el borde de la acera, cierra los ojos por los instantes que dura esta oración, agarra al azar un libro de la biblioteca de su abuelo islandés, lo abre: "Era el tiempo en que yo vagaba, con el estómago vacío", y el roce del hombro derecho de alguien le abre los ojos. Semáforo en verde. Gordo de al lado escribe algo.

Alma nació ayer, o tal vez hoy, en esta esquina colindante a Pensamiento.

Trabajó como pianista en el bar del Hotel Lutetia. Era James Joyce y 1939; principiaba la Segunda Guerra. En los registros del hotel no consta que solo tocó una noche de diciembre. Sin embargo, escribió partes del *Finnegans* en las mesas que hacían esquinas en el bar del hotel —ratas deambulan debajo—, donde a veces se le veía fumando, bebiendo, donde "le gustaba escribir entre voces, buscando el lugar justo de las palabras en la página". Algunas resonancias melódicas de aquella experiencia musical aún habitan en ciertas páginas, en el idioma nocturno de la novela.

Porque ama esconder *se*, por adúltera. Al amanecer, despioja Natura a sus bastardos.

Un lugar de Pensamiento, de cuya Alma Ferlinguetti escribe.

Densos brochazos pasteles definen la hora violenta en el Callejón de los Desflores. La prima van Goethem se adentra en puntillas, pasos sigilosos y acompasados, se detiene, los densos brochazos reciben su sombra, se mezclan con ella. ¡Guatari, Guatari, animal de los mil demonios, ¿dónde estás?!, grita Cecilia Bovary desde algún lugar del fondo.

Entre todos sus felinos, Guatari es Fausto y orgullo de casa. ¡Guatari, Guatari, ¿dónde estás?! La prima van Goethem levanta hacia atrás su pierna derecha, puntea su pie izquierdo e inicia su asunción: una vuelta, dos vueltas, tres, el torso erguido y Guatari se desliza entre sus piernas y gracioso pasa su lomo para dejarse definir. La prima van Goethem se ofrece al crepúsculo como cada viernes.

Y habita en Blanco, con fondo albino de playa.

En 1905, el viaje en tren de Richmond a D. C. tomaba casi seis horas. Un libelo de la Pennsylvania Railroad menciona tres *landmarks* del trayecto: batallas de la Civil War, afluentes del James River, y un bosque en Spotsylvania, donde se escucha el graznar del cuervo americano. Según el libelo, los cuervos de la zona imitan el *nevermore* de Edgar Poe.

Un pasaje que termina en el 12 rue de l'Odéon. Que inicia en Página adentro. Mucho tiempo te he soñado, hipócrita lector.

He deseado a Noche a través de los cuerpos. No la que en cada jornada frota su espalda en las ventanas a la hora violenta. "¿Unos acordes?". He deseado encontrar *la* dormida en Pensamiento, ajena a las aventuras de Idea. En una silla de mimbre, de medio lado, dormida. "Y habrá luna brava". En una silla de mimbre, bajo el arco de un patio interior. "¿Qué perfume usa? Huele a tiempo". Con un perro a sus pies. "Cierra la puerta, Ana María". Un perro llamado Brecht. "Llegamos tarde". He deseado encontrar a Noche en sus diecinueve, he leído que el amor de mulata termina de crecer a los veinte o veinticinco. "Apura el paso, perra Antígona, escapa *te* de la *vanità*". La he deseado. Tras los muros de Troya, Noche anda noctámbula.

A la hora violeta bajo el Sena violento fluye el James.

Joyce sostenía que el artista (como Dios) debe estar "por encima de su obra, invisible, refinado de la existencia, cortándose las uñas". Desde *Dubliners* hasta *Finnegans*, escribió más de cincuenta pasajes donde los personajes se cortan, liman, imaginan sus uñas: "buitreras", "de los caballos y vacas", "costrosas"... En el bolsillo interior de sus trajes, solía llevar un cortaúñas Cook.

Que Simonetta imita a Cleopatra los jueves en la noche ya es *vox populi*. Lengüilarga ella, encanta serpientes en su idioma.

Una breve brisa hacia el batir de las sílabas.

Antes de iniciar Movimiento Segundo, la prima van Goethem hace una pausa, se abandona en ella, la alarga hasta que Serpiente Sonora (melodías acumuladas en Mente desandan callejuelas de Old Town de Oriente) hinca los dientes en su seno izquierdo, y extiende mente sus brazos para dar inicio a Movimiento Segundo. La prima van Goethem ha vuelto a bailar en los ojos de Artista. La prima van Goethem rara vez deja de bailar en los ojos de Artista: "Llena eres de Gracia" y Airecillo silba en Callejón de los Desflores. Madre se inclina a recoger Moneda. "No llames a Hambre", dice Grandma. Y Madre recoge a Moneda de la acera porque en ninguna parte está escrito que Hambre fuera buen amante de hembras solteras.

Peggy Campbell, virgen prudentísima detrás de sus escotes.

Amante confesa de los animales, Sarah Bernhardt tenía un zoológico privado. Entre las especies (zorros, pangolines, tigres), la boa Joséphine resultaba con diferencia su favorita, de ahí que compartieran una cama *king* hecha con cedro de Marrakech. Una noche de 1890, al regresar del estreno de Cléopâtre, la divina Sarah mató de un balazo a Joséphine, porque "la insensata quiso acomodar *se* en los senos de la Reina de Egipto".

De los embajadores de Holbein hay poco que decir. Ayer comieron largo hasta engordar la Mente.

Según Ferlinguetti, todo Mundo huele a tinta, y toda Idea huele a Blanco.

Canto de Alma oído adentro. El notario de Old Town de Oriente —Grande Strada, 22— ha imaginado todos los libros del mundo. De hecho, el notario de Old Town de Oriente asegura que le ha dictado a su mente cada libro que existe en lengua amorosa. "Aquí se suceden, sílaba tras sílaba, en los entresijos de mi córtex cerebral". El notario de Old Town de Oriente afirma que la musa de los libros escritos en lengua amorosa es la prima van Goethem. "La sueño cada viernes del mundo; luego, todos los sábados del mundo los dicto mentalmente sin parar, hasta la medianoche del domingo, cuando caigo sin fuerzas en el sueño profundo de su encanto. De lunes a jueves, amarro *me* duro al mástil de Vigilia". El escribiente Ferlinguetti los transcribe.

Como nieve lejana, llega Idea al bostezar de Ferlinguetti.

Natural de Hungría, el padre de Arnold Schönberg, Samuel, fue un conocido zapatero vienés. Entre los de su oficio, hacia 1880, en Viena, era el único capaz de hacer zapatos para hombres de más de 6 pies de altura. Por entonces, la altura de los centroeuropeos promediaba los 5 pies y 7 pulgadas. "Zapatos dodecafónicos", llamaba Samuel Schönberg a los calzados de talla extra.

No pidas perdón por su llegada. Aldeana se desnuda en mitad del Crepúsculo, y Vaca muge sus calendas.

Mitad Ferlinguetti, mitad Pablo mentalizado en Pensamiento.

Sombra avanza entre esculturas, a ras de polvo. En los senos de la prima van Goethem se resiste un rayo, permanece, debilitando *se* en el yeso... Huele a manchas. Con el avance de Sombra, Ojo retrocede en el taller de Artista. Radio, botellas vacías, candelabro, autorretrato colgado en pronunciada inclinación, caballetes, rollo de lienzo en la esquina eterna, tres centavos en un cenicero, "tan perfecta, tú, malandra". En la mente desierta de Artista, Sombra avanza, se encuentra en humedades, "tan relamida, tú"... En la soledad rugiente de Artista, inmóvil, la prima van Goethem danza y danza hasta vencer a Sombra. Puede que ladre, pero aúlla. "Construir soledades cuesta un alma y tres centavos, sílabas en un cenicero".

Puerco collegeano, aqueo infiel, de Gólgota te alejas por Sorrento.

En 1804, el príncipe Camillo Borghese le encargó a Antonio Canova una escultura de su esposa Paolina. Célebre por su belleza, la *sorella minore* de Napoleón "padecía de *petits seins*". Camillo le exigió a Canova que la esculpiera como una Venus triunfante, pero con los senos de la meretriz Marie Walewska, la amante favorita del príncipe. Al artista le tomó casi dos años esculpir el busto.

No pueden entornar *la* después de Espíritu. En el Josephine les sirven carne y mermelada, mantequilla y pan blanco, té y café, queso y pan de jengibre. Es 1945 y la final de Roland Garros se jugó ayer: Yvon Petra derrotó a Bertrand Destremau en tres sets (7-5, 6-4, 6-2).

"...pero algunos chicos le llamaban la señorita Boyle, porque siempre se estaba arreglando las uñas".

A Felix Nadar le fascinaba, y quiso soñar *la* cada viernes.

Luego de cantos y gregorios, mucha hembra:
arrean caballos en las puertas de Teatro.

También las hermanas muestran su fe en el mercado. Al calor de las madres Obispo murmura: “La urraca de la China orina oscuro entre los sauces”.

III

"¿Por qué te quedas parada fuera, si yo he desocupado la casa y he hecho sitio para los camellos?".

Cicateros de cicuta en la Ciudad Vieja: —Ah peregrino, alarga tus pasos, ahoga tus voces, deja que Sahumerio despida a sus fieles.

Y al descender leyó una inscripción: "Ferlinguetti estuvo aquí".

Después de Pascua y *salmo nuovi*: semillas de mostaza en la mente de Alfred Jotha: "*Non piangere, mia cugina*". Hay Abismo detrás: matri Abisinia. Es el Dios que hiere de lejos, pantalones bajos. Dos, tres, cinco zancadas entre las pausas... Un gimnasio para ejercitar a Mente. Escalas de Gymnopédies. Estas calles desembocan al final de Materia y siesta insomne. *Non piangere*, prima amorosa, te juro por esa luna que habita en mis ideas. "Es la tabernera, Alfred Jotha, *piangi* entre las faldas". Cinco, tres, dos zancadas entre las sordas... Semillas de mostaza, pantalones bajos para hacer *mutis*. Habitantes de Old Town de Oriente: "*Non piangere, mia ragazza*". Has concluido: el alma es un lujo necesario.

Nombraron *le* Ágrafo, y entre ágrafos Ferlinguetti balbucea.

Asnas perdidas que Saúl debe encontrar a través del Valle por mandato del padre; el asna que le habla a Balaam: "¿Qué te he hecho?"; la quijada de asna con la que Sansón mató a mil hombres, "montones sobre montones"; la entrada de Jesús en Jerusalén, "humilde y montado en un asna". Sagradas Escrituras a paso de asnas, desde la Fundación hasta el Día después.

Voces que no encuentran sus cuerpos, o se acumulan en callejuelas de Ensueño.

Nadie sabe quién es Ferlinguetti. Ni siquiera él lo sabe, al despertar cansino en territorios de Siesta.

Mañana no estarán los ruidos del colegio. En Pensamiento, sin embargo, habrá juegos, panes, correrías. Y la prima van Goethem ofrecerá sus ideas mientras danza, mientras desciende fija en su baile abstracto. *Un pesce d'aprile* en el oído del mundo. "Abre la boca, puerco jesuita". Aunque muy pocos logran escuchar *los*, de latines están empedradas las calles de Old Town de Oriente. Mañana serán solo tres los negocios que ofrecerán sus servicios: la iglesia, la funeraria y el cementerio. Muerte, esa diosa que siempre acude cuando la llaman, incluso en el Shabat. "Tenga un buen fin de semana, míster Alfred"... De graciosísimas damas se puebla la memoria.

Un rostro blanco envuelto en sílabas, o el deambular de Ferlinguetti.

Bibliómano, "Berlioz del piano" y heredero de los alumnos que dejó Chopin, Charles-Valentin Alkan fue hallado sin vida bajo el librero que tenía sobre la cabecera de su cama. Era 1888. Según su criada, sobre el rostro de Alkan descansaba abierto *Madame Bovary*, con un subrayado: "La gran campana de Amboise pesa cuarenta mil libras. El operario que la fundió murió de alegría".

Alargadas sombras de beduinos por el Valle del Jordán: el Hijo del Hombre espanta moscas.

Senza rigore, silabea Ferlinguetti cada mañana hasta llegar al Doce. *Senza rigore, senza rigore...*

Despierta *me* un cuarto para Advenimiento. Cuajo de humos. La prima van Goethem se deja penetrar por las palabras. Entran *violentas*, suenan *ventrales*. ¿Quién se parece a *ella* en territorios de Mente? Los faroles de Old Town se cuentan por noches; un perro de esquina retiene algunas luces en su mirar hambriento. Cruza el párroco con su sombrero de épocas; el panadero se duerme en el crujir de la masa. "Ahora ya sabes cómo se hace", le gritan las niñas desde la calle Ralli, que *taglia* en dos la Grande Strada. Apura *te*, huelen las violetas en la mansión del peluquero. ¡Oye *la*! Razón ha descendido ruidosa entre las gárgolas.

Le acaricia el cuello (largamente, alargando *se*) en tanto Sierpe le cuenta seducciones.

Tras morir Mallarmé en 1898, Valéry padeció una larga sequía poética. Regresó al verso gracias a su esposa, Jeannie Gobillard, una sobrina de Manet que había conocido en las tertulias de la Rue de Rome. En un sueño que ella tuvo, era 1916, Mallarmé la llamó *la jeune parque*. Al saberlo, Valéry escribió 512 alejandrinos oscuros.

Tras la vaca de Leconte la luna de Lesbos. A vuelta de esquina un coro de niños.

De Ferlinguetti dime *lo* todo, en una fuga de vocales sordas.

Zambullidas en los ojos. En las escaleras de la *Casa di legno* descansan los paraguas. "Melisenda canta las virtudes de San Doménico", recita para sí Alfred

Jotha. Tú (lector hipócrita) puedes escuchar *lo*, incluso recitar *lo* en veinte lenguas. "Melisenda canta mis calendas". Aquel que dice *yo* se pluraliza por pereza. No obstante, no pueden despertar *me*. La siento en mis piernas y le hago gracias. Relinchan los caballos del Parque Lezama por tenor de sus yeguas. "Te he vuelto a soñar en el mismo sueño, divina van Goethem, sin errar una sílaba de tus dones", balbuce Alfred Jotha halando sus pasos *town* abajo. Diez niñas de espaldas contra la pared.

En el inicio era el blanco, y Blanco era *en* Ferlinguetti.

Admirador de Richard Wagner, Adolf Hitler se volvió vegetariano para no desmerecer, ni siquiera en cuestiones culinarias, de su "Dios musical". A Blondi, su *german shepherd*, el Führer la alimentaba con estofado de vegetales y piezas de Wagner como telón de fondo. El 29 de abril de 1945 ordenó el sacrificio de su amada perra, no sin antes escuchar junto a ella —búnker adentro— el *Tristán e Isolda*.

Li Bai sueña que está durmiendo un largo sueño. Dichoso Li Bai, bocarriba, en el prepucio del Buda despierta a Imperio.

Un Ferlinguetti nocturno, bajo noche blanca de abecedario ágrafo.

¿Es posible ubicar cada *alley* de Old Town en el escudo de Aquiles? ¿A la Grande Strada y sus bifurcaciones? ¿Es posible ubicar*los* en ausencias de bronce, de estaño, de plata y oro? En la mente de Artista se repiten tales preguntas. Regina, la vendedora de pelucas de Old Town, sabe las respuestas, pero se las calla para no ser llamada a filas.

No se nace Ferlinguetti, *nos* hacemos.

Antiguo cazador de brujas y esposo de la monja Katharina von Bora, Lutero, hacia 1535, se había convertido en un experto relojero. Atrás quedaban las disputas eclesiásticas y la tinta para ahuyentar demonios. Además de barriles de vino, Lutero coleccionaba escobas de brujas en su casa de Wittenberg. En sus periodos menstruales, Katharina las usaba para aplicarse ungüentos entre las piernas.

“Hizo aparejar el asna y dijo a su criado: ‘Guía y anda, no me detengas en el viaje hasta que yo diga’”.

“Me produce envidia (es una forma de hablar) todo aquel que dispone de tiempo para preparar algo parecido a un libro”.

“Y alzó Lot los ojos y vio todo el valle del Jordán”.

Camino a Duino, por tartajas. O baremos de Ángel.

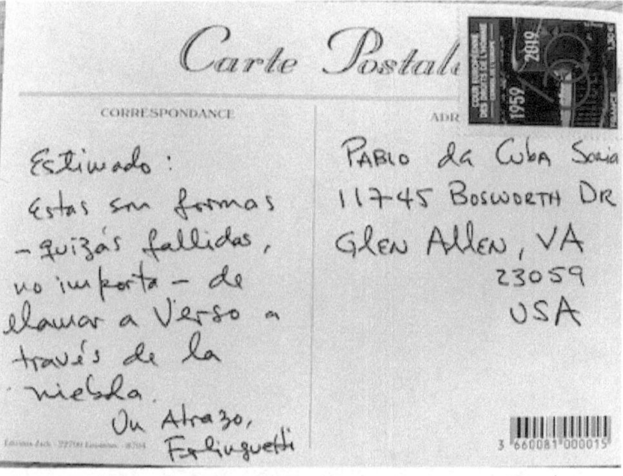

Carte Postal

CORRESPONDANCE

Estimado:
Estas son formas
—quizás fallidas,
no importa— de
llamar a Verso a
través de la
niebla.
Un Abrazo,
Ferlinguetti

ADR

Pablo de Cuba Soria
11745 Bosworth Dr
Glen Allen, VA
23059
USA

3 660081 000015

He de nombrar al autor, al verdadero, y sin embargo callo, así tan Pablo.

IV

Il miglior fabbro.

La sombra de *Mme.* Kafka sube las escaleras que llevan a Ático. Franz, dormido, la empuja escaleras abajo. Tres golpes en la puerta, para invocar a Ferlinguetti.

De realidades que se ocultan tengo pruebas: entraré en la Casa y cenaré conmigo. Volveré al inicio para dormir a Siesta. La sentaré en mis piernas hasta sentir *la* amarga, le diré: "Has aprendido a recibir, hembra virgen".

A inicios de 1916, Gottfried Benn trabajó en un hospital para prostitutas en Bruselas. Médico de profesión, dedicaba "unas horas diarias" al estudio de enfermedades venéreas y cadáveres de meretrices. Por entonces, imaginó la idea de *la prosa absoluta* mientras leía a Pascal y aplicaba "innovadoras curas vaginales". En una carta de amor de esa época, la poeta Else Lasker-Schüler le aseguró a Benn que "en las vaginas la verdad se oculta".

Cuando la divina Sarah asciende a Comedia, espectadores gastan sus suelas al aire.

De los descendientes siempre ágrafos de Ferlinguetti Batista, los mudos de *O Tejo* dan noticias.

Old Town de Oriente se contiene en un cuarto propio. Old Town de Oriente: no apto para letrados. El *prime minister* de Old Town es paracaidista de entreguerras. Hay que decir *lo*: "A la caída de los árboles siempre llega".

Edward Hopper pintó esta casa.

De los ocho hijos que tuvieron Francisco de Goya y "Pepa" Bayeu, solo Javier sobrevivió la niñez. Ante tanta muerte, Pepa se escudó con cierta frecuencia en la brujería. Entre las obras que Goya pintó sobre brujas, la *Linda maestra* resulta la más autobiográfica. Al morir María del Pilar (quinta en nacer), el pintor imaginó a Pepa enseñando a volar en escoba a su amada hija.

Toda biblioteca es un Zoo: carnaval de animales en interiores de Página.

Cuenta Thomas Bernhard que conoció en Oslo al último cuidador de Knut Hamsun. "Fue el primero que vio a Hamsun *muerto*, cuyo rostro muerto tapó con el sudario". Bernhard omitió un dato: el paño que guardó el sudor definitivo del autor de

Hambre fue un regalo que Joseph Goebbels le enviara en 1943. Hamsun jamás se separó del sudario; lo llamaba "mi Verónica".

Ido a buscar el asno perdido, a través del Valle: Pensamiento ágrafo surca la mente del padre Adán.

Utopía de anticuario: primeras ediciones de Ferlinguetti Batista.

La prima van Goethem baila sin descanso, sin respiro. Le da cuerdas el Artista.

En respuesta a un anuncio de *O Século*, Fernando Pessoa solicitó el puesto de bibliotecario del Museo Condes de Castro Guimarães, en Cascais. Era 1932. Entre 50 solicitudes, cuatro sorprendieron al jurado por su extensión y retórica. Estaban firmadas por Alberto Caeiro, Ricardo Reis, Álvaro de Campos y el propio Pessoa. Un "oscuro pintor" fue el escogido para el puesto.

Savanarola, entre sábanas y acuchillado: Mente rumbo a Piazza para avivar las vanidades.

Desde la ventana de enfrente, Grandma y Madre apagarán las luces, bajarán telones. Mi oído conoce sus pasos lentos, al borde de la espera. "Ni en sus ronquidos es grosero", dice Grandma, la más hebrea y lengüilarga de la prole.

Condenado por el Tribunal Revolucionario, Claude Fauchet emprendió camino al patíbulo un amanecer de finales de octubre. Era 1793, e iba leyendo un libro en la carreta que lo llevaba a la guillotina. Jamás quitó la vista del volumen. Antes de subir al cadalso, marcó la última página que había leído. "Quiero recordar dónde me quedé", le dijo al verdugo Henri Sanson.

Por la puerta de los obispos pasan monjas. Ágiles traductores de castidad lingüística. Por el ojo de Tragedia pasa el asna. Ferlinguetti levanta el *flagrum*.

En su casa junto al lago Lucerna, Serguéi Rajmáninov (célebre por sus largos dedos) compuso *Rapsodia sobre un tema de Paganini*, cuyos solos para piano exigían intérpretes que alcanzaran la treceava: treinta centímetros del pulgar al meñique. Para Gustav Mahler, era una pieza escrita por un gigante de Brobdingnag. En su lecho de muerte, Rajmáninov solo atinó a despedirse de ellas, "mis amadas manos".

Pudieras dejar de escribir este libro, ya mismo, y llamar *te* Pablo.

Es febrero y 1865: Nietzsche pasea por Colonia. Ante el deseo de "un buen restaurante", se ve arrastrado a una casa de "criaturas de gasa y lentejuelas" que "miran ávidamente". Absorto, se sienta en un piano —"el único ser dotado de sentimientos"— y toca unos acordes. "Maldito Wagner", dijo con voz muy baja.

Es agosto y 1900: Nietzsche mira al Abismo. Su hermana Elisabeth, ávida y desnuda, cabellos de medusa aria, le cierra los ojos.

Algo que *callarnos*.

Nombrado por Gertrude Stein como aquel que "traía gente encantadora", Jacques-Émile Blanche pintó retratos de Aubrey Beardsley, Joyce, Les Six de Montparnasse, de un veinteañero Proust con traje oscuro y flor en el ojal. Como agradecimiento, Proust le envió "cartas de 6 o 10 páginas y una asfixia de flores". La frase proustiana contagia hasta el asma, encanta por asfixia.

Durante mucho tiempo, después del Juicio.

"Podrás acabar tu obra", dijo Ferlinguetti. Olía de cuando en vez.

Cuando llega a casa —vemos que ha entrado—, Alfred Jotha toma dos tazas de café amargo, o bien escucha el alejar *se* de los trenes que se adentran entre sílabas. "Siempre estarán los Tres Cuervos", dice. Diez mil jornadas toma el viaje, hora nevada, de Pensamiento a la casa del Hombre.

"Aquí me quedo", dijo al cruzar los aguafuertes. Al apagar la estufa y resonancias.

A los transeúnte de Old Town de Oriente, Ferlinguetti Batista les sostiene los paraguas.

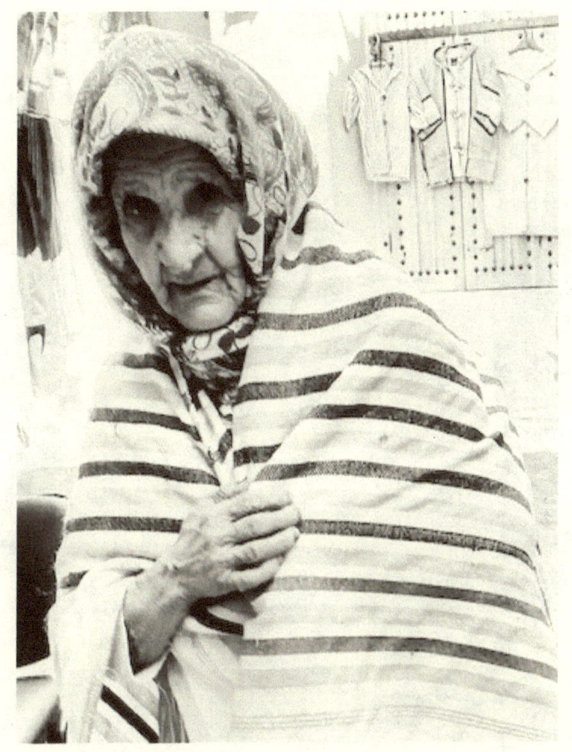

Y vi los ojos de Tiempo mirándome a los ojos.

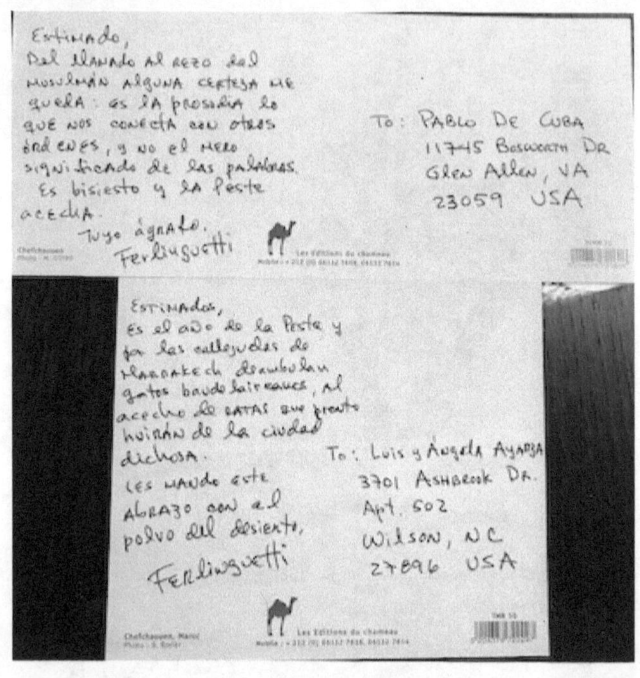

Estimado,
Del llamado al rezo del musulmán alguna certeza me queda: es la prosodia lo que nos conecta con otros órdenes, y no el mero significado de las palabras.
Es bisiesto y la Peste acecha.
Tuyo ágrafo.
Ferlinguetti

To: Pablo De Cuba
11745 Bosworth Dr
Glen Allen, VA
23059 USA

Estimados,
Es el año de la Peste y por las callejuelas de Marrakech deambulan gatos baudelaireanos, al acecho de ratas que pronto huirán de la ciudad dichosa.
Les mando este abrazo con el polvo del desierto,
Ferlinguetti

To: Luis y Ángela Ayarza
3701 Ashbrook Dr.
Apt. 502
Wilson, NC
27896 USA

Les Éditions du chameau

Interceptadas por los beduinos del desierto.

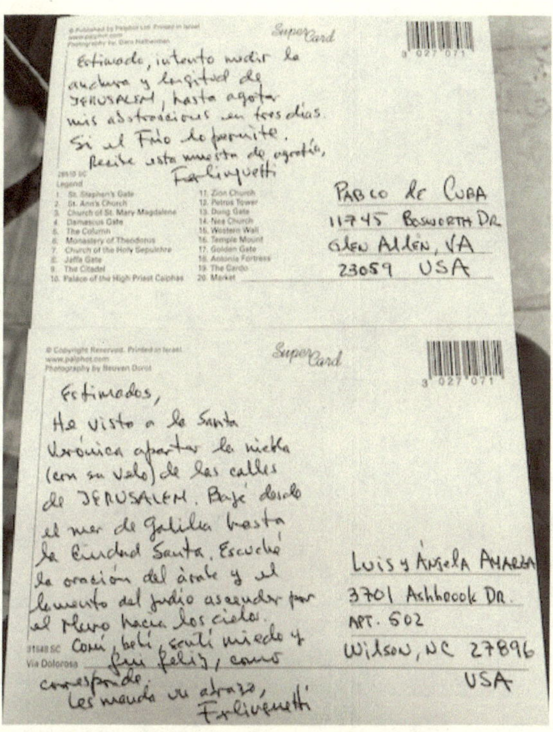

SuperCard

Estimado, intento medir la
anchura y longitud de
JERUSALEM, hasta agotar
mis abstracciones en tres días.
Si el Frío lo permite.
Recibe esta muestra de gratitud,
Ferlinghetti

Legend
1. St. Stephen's Gate
2. St. Ann's Church
3. Church of St. Mary Magdalene
4. Damascus Gate
5. The Column
6. Monastery of Theodorus
7. Church of the Holy Sepulchre
8. Jaffa Gate
9. The Citadel
10. Palace of the High Priest Caiphas
11. Zion Church
12. Petros Tower
13. Dung Gate
14. Nea Church
15. Western Wall
16. Temple Mount
17. Golden Gate
18. Antonia Fortress
19. The Cardo
20. Market

PABLO DE CUBA
11745 BOSWORTH DR
GLEN ALLEN, VA
23059 USA

3 027 071

© Copyright Reserved. Printed in Israel
www.palphot.com
Photography by Reuven Dorot

SuperCard

Estimados,
He visto a la Santa
Verónica apartar la niebla
(con su velo) de las calles
de JERUSALEM. Bajé desde
el mar de Galilea hasta
la Ciudad Santa. Escuché
la oración del árabe y el
lamento del judío ascender por
el muro hacia los cielos.
Comí, bebí, sentí miedo y
fui feliz, como
corresponde.
Les mando un abrazo,
Ferlinghetti

Via Dolorosa

LUIS Y ÁNGELA AMARA
3701 Ashbrook DR.
APT. 502
WILSON, NC 27896
USA

3 027 071

Te has impuesto imaginar este libro. Escribir *lo* incluso.
Para no enfermar de Tiempo, dices.

Proust *persiste*.

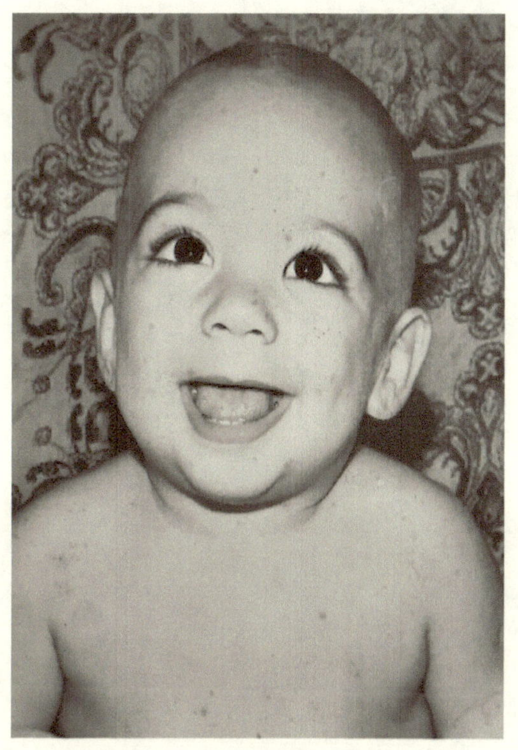

Fue un niño con lengua geográfica.

Finale

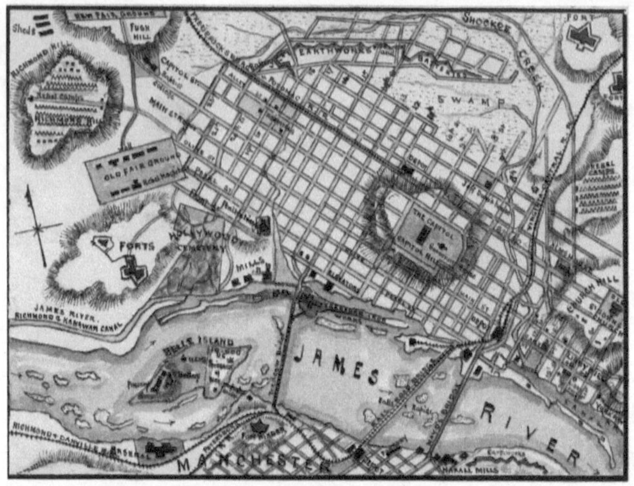

"Invisibile a tutti il pié raccôrre / Dentro la soglia del gran tempio antico". Old Town de Oriente ya no existe, pero sé caminar en lo invisible. Desde Pensamiento volveré a transitar *lo*.

Ha muerto el último hombre. Llamen *le* Ferlinguetti. Por los siglos de estas páginas llamen *le* Ferlinguetti, a este héroe que duele hasta la sorna, que libera su silente carcajada con acento ágrafo. Un golpe de escritura aquí lo resucita. Tú callas, lector hipócrita, callas hasta confiar *le* tu lengua, pensamientos, plagios, a esta caligrafía un tanto anémica. Bien sabes que puedo nombrar *te* con todos los nombres, todos: Pablo, Alberto..., pero te dejo *estar*, sé que estás ahí, de espaldas, frente a las frías aguas del James River.

ÍNDICE DE FOTOS Y PIES

- Página 48. Foto de Pablo de Cuba Soria (Estudio de André Breton, The Centre Pompidou, Paris, 2019); pie de André Breton.
- Página 49. Foto de Leidy Serradet. (Jerusalén, 2020); pie de Génesis 13:10.
- Página 50. Foto de August Schreitmüller (Dresden, 1945); pie de Ferlinguetti.
- Página 51. Carta postal atribuida a Pablo de Cuba Soria; pie de Ferlinguetti.
- Página 54. Foto de Pablo de Cuba Soria (San Michele, Venèsia, 2016); pie de T. S. Eliot.
- Página 61. Foto de Pablo de Cuba Soria (Chefchaouen, Marruecos, 2020); pie de Ferlinguetti.
- Página 62. Carta postal atribuida a Pablo de Cuba Soria; pie de Ferlinguetti.
- Página 63. Carta postal atribuida a Pablo de Cuba Soria; pie de Ferlinguetti.
- Página 64. Foto de Marcel Proust en Venèsia; pie de Ferlinguetti.
- Página 65. Foto anónima; pie de Ferlinguetti.
- Página 68. Imagen anónima; pie de Tasso & Ferlinguetti.

Índice general

Últimos títulos publicados por *Casa Vacía*

Reinaldo Arenas
Libro de Arenas
(miscelánea)

Roberto Méndez Martínez
Música nocturna para un hereje
(novela)

Michael H. Miranda
Venecia inactual
(diario de viaje)

Roger Santiváñez (comp.)
Poesía: Relámpago maravilloso
(poesía)

Jorge Yglesias
Pequeña Siberia
(poesía)

Daniel Céspedes Góngora (comp.)
Pasolini: las jerarquías de la inspiración
(ensayo)

Lizabel Mónica
Hay palabras vulva
(poesía)

Hugo Fabel
Matar al Buda
(poesía)

Mauro A. Fernández
las rajaduras que hay en la lengua de las personas
(poesía)

Remberto Pérez / María Pérez
Cuando salí de Cuba
(memorias, testimonio)

José Prats Sariol
Diarios para Stefan Zweig
(novela)

Jorge Enrique Lage
Libros raros y de uso
(novela)

Inti Yanes-Fernández
Alle Ontologie
(poesía)

Ricardo Alberto pérez
Hematoma
(poesía)

Arturo Dávila
También garganta el mar
(poesía)

Diego L. García
El lento hacer. Ensayos sobre imagen y escritura
(ensayo)

Mario Arteca
Cuello Mao
(poesía)

Vasili Rózanov
Motivos orientales
(ensayo)

Youre Merino
Asentamiento en la civilidad
(poesía)

www.ingramcontent.com/pod-product-compliance
Lightning Source LLC
LaVergne TN
LVHW050941080826
845145LV00004B/1364

* 9 7 8 1 9 6 1 7 2 2 1 1 8 *